AF377182
8° Z
LE SENNE
3229

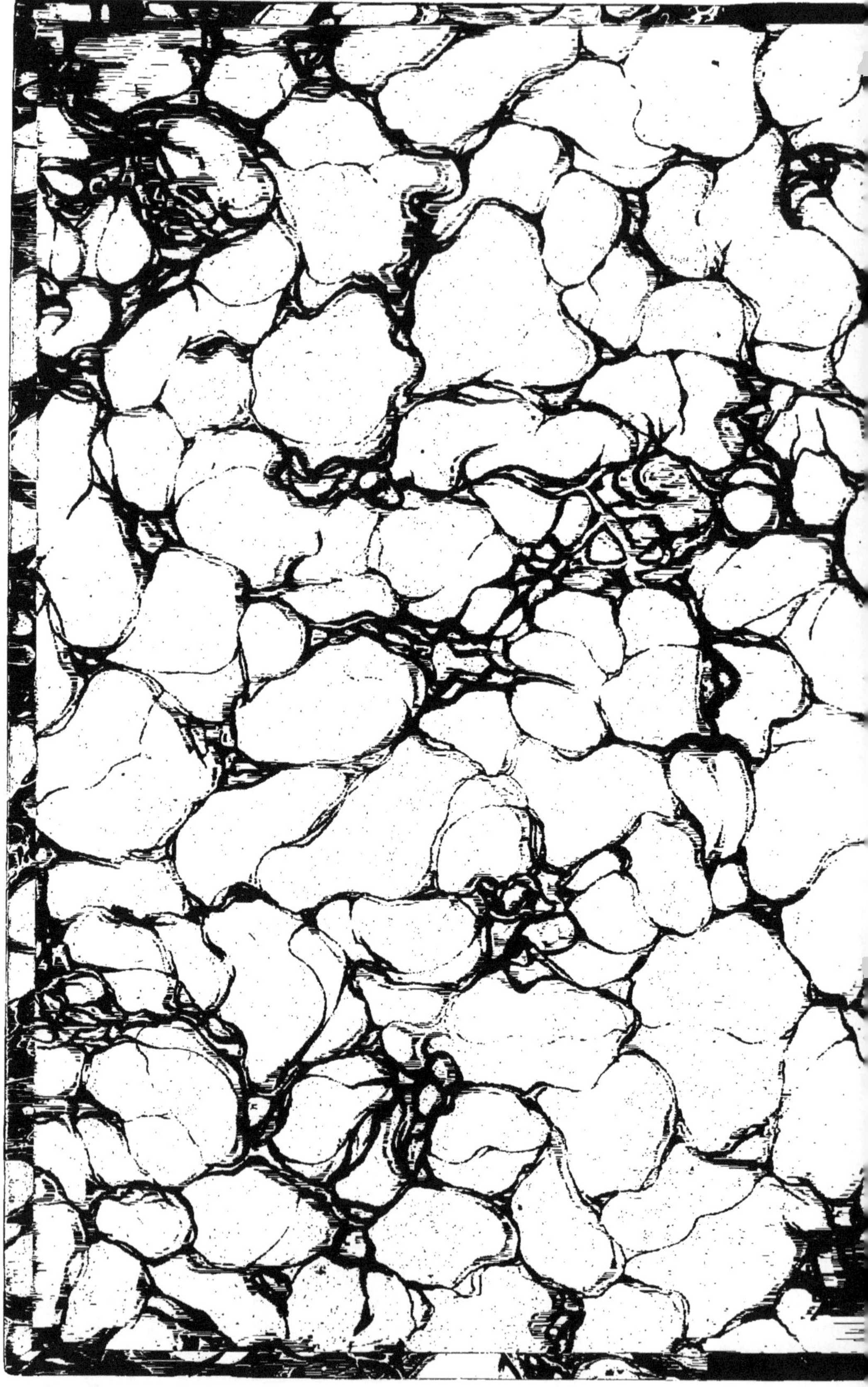

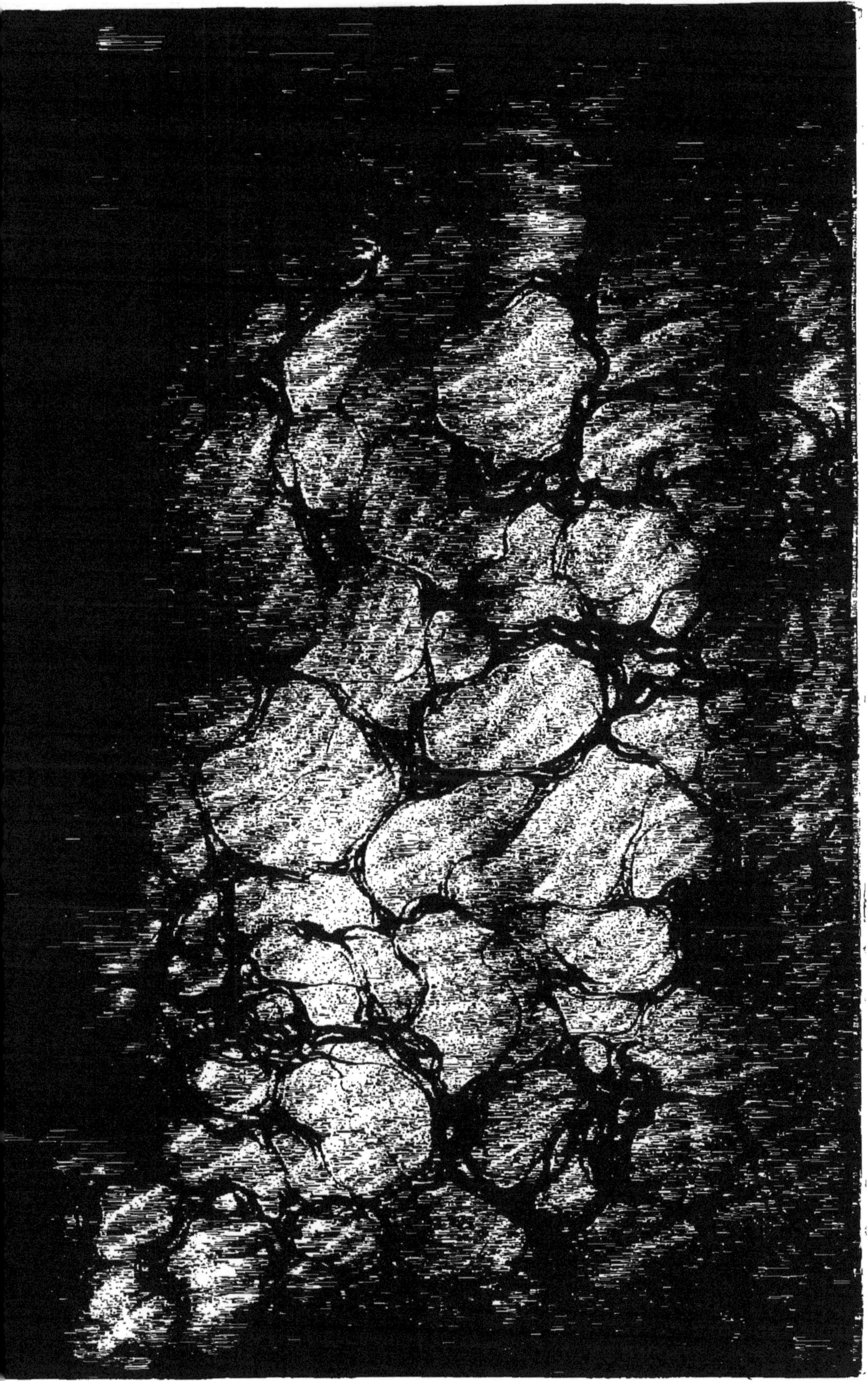

SOCIÉTÉ HISTORIQUE ET ARCHÉOLOGIQUE DU VIIIe ARRONDISSEMENT
DE PARIS

Conférence faite le 17 Novembre 1910

LA

MAISON DE FRANKLIN

ET LA

RUE VERTE DU FAUBOURG St-HONORÉ

PAR

M. L. DE LA VALLÉE POUSSIN

Consul honoraire

MONTDIDIER

IMPRIMERIE J. BELLIN

1911

SOCIÉTÉ HISTORIQUE ET ARCHÉOLOGIQUE DU VIIIe ARRONDISSEMENT
DE PARIS

Conférence faite le 17 Novembre 1910

LA
MAISON DE FRANKLIN

ET LA

RUE VERTE DU FAUBOURG St-HONORÉ

PAR

M. L. DE LA VALLÉE POUSSIN

Consul honoraire

MONTDIDIER
IMPRIMERIE J. BELLIN

—

1911

MAISON DITE DE FRANKLIN

26, rue de Penthièvre

(VIIIe ARR^t)

LA MAISON DE FRANKLIN

AU ROULE [1]

Détruire une légende serait presque aussi vilain que tuer une hirondelle. Mais, grâce aux Immortels, comme eux, les légendes ne périssent pas.

Malgré l'élégante érudition de M. Paul Girard [2], nous persisterons à envier les juges de Phryné appelés à contrôler la plus charmante des pièces à conviction.

Je me garderais donc bien de vous lire les quelques notes que j'ai ramassées, si je ne savais que, malgré elles, la maison portant actuellement le n° 26 dé la rue de Penthièvre continuera à avoir été construite, puis habitée par Benjamin Franklin, l'homme qui vint nous apprendre le respect de la liberté et l'amour de l'égalité... Encore une légende !

Si pourtant Franklin n'eût pas construit la maison, voici comment les choses auraient pu se passer.

La rue où s'élève cet immeuble fut longtemps sans histoire.

Traversant des pâtures de l'ancienne Maladrerie du Roule, à quelques perches de distance du grand égoût creusé en 1367, par Hugues Aubriot, c'était un simple sentier nommé « des Marais » parce qu'il réunissait les marais des Porcherons à ceux des Gourdes. Elargi au début du xviii⁰ siècle, il devint un chemin rural, appelé Chemin Vert, à cause des prairies qu'il borde. Il va de la fausse porte St-Honoré à la prolongation de la rue de la Ville-l'Evêque [3].

Dans le relevé des « limites de la Ville et des faubourgs de

---

1. Communication faite à la Réunion du 17 Novembre 1910 de la Société du VIII⁰ Arrondissement.
2. Séance plénière de l'Institut, 1910.
3. Plan de N. de Fer 1707.

Paris », dressé de 1724 à 1728 [1], ne figure aucune maison. Les plans de l'Abbé Delagrive et celui de Turgot montrent encore une rue Verte sans habitation.

Mais, peu après, commence la vogue de ce quartier, dont nous avons eu une évocation vivante dans le discours de notre Président à l'Assemblée Générale de 1903.

Dès 1779, M. de Sartine [2] se préoccupe de faire paver la Rue Verte, afin de rendre plus facile aux habitants l'abord de leurs maisons.

Le 4 mars 1774, des Lettres Patentes [3] ordonnent la prolongation et le redressement de la Rue Verte.

Mlle Gatenaire y vend des philtres d'amour, nous dit Lefeuve ; les plans signalent les habitations de M. David, de M. Crosnier, de M. Sandier de Jouy. L'hôtel de Ray où se voient de belles peintures de l'allemand Nebel, a ses jardins en bordure de la Rue Verte. Un peu plus loin est un traiteur ; près de sa maison sera ouverte, dix ans plus tard, la petite rue Verte (actuellement rue Matignon). Cette auberge, démolie en 1908, servait, suivant une tradition recueillie par l'érudit M. Georges Cain, de rendez-vous à certains encyclopédistes, et à des artistes du voisinage [4].

Le Comte de Bachman, Colonel de la Garde Suisse, se faisait construire un hôtel au bout de la Rue, vers 1770.

Dans son Guide des Voyageurs, Thierry indique dans la Rue Verte, Faubourg Saint-Honoré, en face de la pension Académique de M. Berthaud, « où les jeunes gens sont pré- « parés pour l'artillerie, le génie et la marine, la vaste Caserne « construite sur les plans de l'architecte Goupil ; elle peut « loger trois Compagnies des Gardes Françaises de M. le « Maréchal de Biron ».

Wattin, enfin, dans l' « Etat actuel de Paris » dit, vers 1789 : que la rue Verte, renferme 46 maisons dans sa longueur, qui est de 184 toises (350 mètres).

1. Bibliothèque Ville de Paris.
2. Archives de la Société Historique du VIIIe Ar.
3. Archives Nationales K. 2420, 2 bis.
4. *Petit Parisien*, 28 avril 1908.

Mais en 1768, tout le terrain à l'ouest de la rue, était, simple prairie, propriété des Monnayeurs.

Ces Monnayeurs, Ajusteurs et Tailleresses du Serment de France [1] formaient un corps privilégié, dont le recrutement était familial. Le fils aîné d'un membre de la Compagnie devenait de droit « Monnayeur ». C'est lui qui donnait l'empreinte aux pièces. Le fils puîné était « Ajusteur », il préparait les flans ; quant aux filles elles étaient « Tailleresses », chargées d'enlever les bavures avec des cisailles.

Dès le XIIIe siècle, le corps des Monnayeurs est riche. Saint Louis tient à la réputation de sa forte monnaie, fine de titre, bien frappée, et qui jouit d'un crédit universel : son Prévost, Boileau, protège ceux qui la fabriquent, et il leur donne la Maladrerie du Roule [2] : maison, jardin et terrains.

On y construit en 1392, l'hôpital du Roule destiné aux « Frères de l'Hôtel du Louvre », ainsi nommés sans doute parce que la Monnaie était installée au Louvre [3].

En présence de la vogue dont commence à jouir le faubourg du Roule au milieu du XVIIIe siècle, les Monnayeurs songent à réaliser avantageusement une partie des propriétés séculaires qu'ils y possèdent.

Le 19 février 1768, ils vendent 25 perches à Jean-Antoine Mondiné, entre l'égoût et la rue Verte. Le 5 avril 1768, c'est Charles Seney, maître carreleur, qui leur achète 28 perches tout à côté. Enfin, le 13 avril de cette même année, le sieur Joseph Bocquet, lieutenant des Monnayeurs, le sieur Philippe Faucheux, lieutenant des Ajusteurs et Tailleresses, et le Syndic de la Compagnie, Simon Faucheux, cèdent à Pierre Richard, entrepreneur de bâtiments et à sa femme, Marie-Thérèse Moreau, habitant la paroisse Ste-Marie-Madeleine de la Ville-l'Evêque, un terrain de 25 perches de superficie, ayant huit toises de front sur la Rue Verte, et 8 sur le grand égoût. « Le tout dépend d'une pièce de cinq arpents, 16 perches, « sise entre la grande rue du Faubourg St-Honoré, le Grand

---

1. *La Monnaie*, par F. MAZEROLLES, Archiviste de la Monnaie, Laurens, éditeur.
2. Archives Nationales, T. 1491, 1, 40.
3. *Histoire de Paris* (DULAURE).

« Egoût et la rue Verte, et appartient, dit l'acte de vente [1],
« de temps immémorial à la Compagnie ».

L'acquisition est faite sous forme d'une rente constituée de
320 livres, et l'obligation de payer le cens au Chapitre de
Ste-Opportune. L'Architecte Moreau, beau-frère de Pierre
Richard, se porte caution.

L'acte oblige l'acheteur à clore d'un mur sa propriété, et à
y bâtir une maison d'habitation en pierres, dans un délai de
5 ans. Pierre Richard s'exécute, et l'immeuble qui fait l'objet
de nos recherches, s'élève vers 1773. C'est deux ans avant
l'arrivée de Franklin en France. Mais la renommée de
l'éminent citoyen américain l'y avait précédé. L'Académie
des Sciences l'avait élu Associé Etranger, en 1772. La « Science
du Bonhomme Richard », parue à Philadelphie, en 1736, avait
eu des éditions françaises.

L'enthousiasme naissant des Français pour Franklin, le titre
du premier ouvrage du Philosophe, ne suffiraient-ils pas à
expliquer le médaillon de l'auteur du « Bonhomme Richard »,
sur la maison de Pierre Richard ?

M. Alfred Deny, architecte-paysagiste de talent, a bien
voulu faire la description de cet immeuble, tel qu'il est aujourd'hui. La voici :

« La façade est de style empire [2].

« Le rez-de-chaussée est composé de colonnes et d'antes
doriques.

« Les trois étages sont formés par un ravalement très
« simple en plâtre imitant des moellons ; les fenêtres de
« chaque côté sont de forme rectangulaire, et ne présentent
« pas d'intérêt au point de vue architectural ; celles du mi-
« lieu sont divisées en trois parties, par des pilastres.

« Sous la corniche de couronnement, des petites consoles
« forment des médaillons simples ; une grande frise est ornée
« d'une forte guirlande qui s'appuie sur des portes-flambeaux
« ou torchères à trois pieds. Des médaillons existent dans
« les courbes de la guirlande, et décorent la frise.

---

1. Minutes de M. le notaire Moreau, 76, rue St-Lazare.
2. Cela semble une anomalie. — Elle sera expliquée plus loin.

FRANKLIN par HOUDON
Collections Èd. TUCK

« Le dernier étage, en attique, construit en retrait, laisse la
« corniche se continuer par un balcon en fer.

« Au milieu de ce dernier étage, un motif imitant un temple
« romain est composé de deux colonnes et de deux antes do-
« riques sans triglyphe. Sur la frise de ce Temple, l'inscrip-
« tion : « Benjamin Franklin », et sur le fronton, le médaillon
« de ce dernier.

« Le vestibule de la maison est empire.

« Dans la cour à gauche, un petit .hôtel, de style
« Louis XVI ».

Les douze médaillons qui ornent la frise de l'immeuble
représentent des architectes célèbres. Nous avons eu
grand'peine à déchiffrer leurs noms. Les ravalements succes-
sifs les ont presque effacés. Le choix en est d'ailleurs curieux,
et je doute que Violet-le-Duc l'eût entièrement ratifié.

1er médaillon, vers le Nord : Jean Goujon et Pierre Lescot
(Fontaine des Innocents et Louvre).

2e médaillon, André de Pise (auquel Florence doit plusieurs
palais).

3e médaillon, Apollodore de Damas (le Constructeur du
Forum Trajan).

4e médaillon, Vitruve (l'Auteur du Traité d'Architecture).

5e médaillon, Callimaque de Corinthe (qui inventa le cha-
piteau corinthien).

6e médaillon, Ictinos et Calligrates (employés par Périclès
à l'édification du Parthénon).

7e médaillon, Chersiphron et Métagène (qui construisent,
600 ans avant J.-C., le temple de Diane à Ephèse).

8e médaillon, Mnésiclès d'Athènes (l'Auteur de l'Acropole).

9e médaillon, Andronic de Cérestes (Macédonien qui installa à Athènes la Tour des Vents).

10e médaillon, Dinocrate de Macédoine (l'Architecte
d'Alexandre, qui inspire la fondation d'Alexandrie).

11e médaillon, Bramante d'Urbino (l'ami de Raphaël).

12e médaillon, J. Bullant et Ph. Delorme (Hôtel Carnavalet,
Tuileries).

Il paraît dès lors prouvé que Franklin n'a pas construit
l'immeuble que nous examinons.

Il aurait pu l'habiter comme locataire ; c'est de ce côté que nous allons diriger nos investigations.

Débarqué à Quiberon le 29 novembre 1776, après arrêt à Vannes et à Nantes, Franklin séjourne une semaine, en arrivant à Paris, à l'Hôtel de Hambourg, rue de l'Université. Puis, de là, il s'installe avec sa famille dans un petit pavillon à Passy, mis à sa disposition par M. Leray de Chaumont. Il y resta jusqu'à la date de son retour à Philadelphie (13 juillet 1785).

Ni dans les archives de l'ambassade des Etats-Unis, ni dans les Mémoires de Franklin, ni dans sa correspondance, je n'ai trouvé trace d'un bureau, d'une chancellerie, d'un pied à terre occupé à Paris par l'homme d'état américain [1].

Les Almanachs Royaux mentionnent le nom du savant dès 1773, en qualité de membre associé étranger de l'Académie des Sciences. Son adresse est à Philadelphie. A partir de 1779, il figure aussi dans ces recueils parmi les Ministres accrédités auprès du Roi, et on y indique sa résidence à Passy.

L'aimable et érudit M. Antoine Guillois, qui a étudié avec grand soin tout ce qui concerne le séjour de Franklin à Passy, a cité son « Bureau » de la Rue Verte, mais ce n'est, m'a-t-il dit, que par oui-dire. Les divers « Guides de Paris » et M. Maindron dans sa monographie des membres de l'Académie sont sans doute dans le même cas. Ils reproduisent l'assertion des devanciers. Qui l'a lancée le premier ? Je n'ai pu le découvrir.

Mon opinion est que Franklin n'a, même transitoirement, jamais résidé Rue Verte. Il devait venir souvent néanmoins dans notre arrondissement.

1. Je dois particulièrement remercier M. Edward Tuck de la gracieuseté avec laquelle il m'a autorisé à faire reproduire trois intéressantes représentations de Franklin qui font partie de ses collections. Si le célèbre Philosophe n'a pas habité le VIII⁰ Arrondissement pendant sa vie, on peut affirmer que nulle part ailleurs, son souvenir n'y est plus splendidement honoré. Editions rares, peintures de grands maîtres, sculptures choisies rappellent à l'envi Franklin, dans les salons de M. Edward Tuck. Le Maître de la Maison, aussi érudit que riche et généreux, tient aussi à justifier le mot de Franklin, dont il m'a indiqué l'origine probable. Excellent Américain, M. Edward Tuck a en effet pour la France les sentiments d'un fils, et les dons qu'il a faits au Musée de la Malmaison lui valent la reconnaissance des artistes et des patriotes.

FRANKLIN par GREUZE
Collections Ed. TUCK

Nous avons vu en effet, que ses amis, les Encyclopédistes, s'y rassemblaient.

Les Almanachs Royaux dont nous venons de parler signalent de nombreux représentants des Nations étrangères auprès de la Cour de France fixés dans la partie du « Quartier du Palais Royal » qui nous appartient aujourd'hui.

Enfin des personnes liées avec Franklin avaient leurs résidences Faubourg St-Honoré, Faubourg du Roule et dans les rues voisines.

En recherchant chez les Notaires les actes relatifs à l'immeuble de la Rue Verte, nous y avons trouvé, à défaut de Franklin, les noms de divers locataires de Pierre Richard.

Le sculpteur Gillet, à son retour de St-Pétersbourg, y installa son atelier. Son gendre, le peintre de La Vallée Poussin, était son voisin dans le petit pavillon du fond. Un autre sculpteur, Blaise, y demeure. Enfin, les noms de Houdon et Sergent figurent sur un petit compte annexé à un acte. Ils doivent à Pierre Richard 35 et 50 livres ; sans doute pour de simples remises, dépôts de marbres ou de maquettes.

En 1783, un règlement de mitoyenneté intervient entre Pierre Richard et les propriétaires de la Caserne dite de la Rue Verte, et occupée par les Gardes Françaises.

Cela nous a permis, en passant, de fixer aussi l'histoire de ce dernier immeuble. Insignifiant au point de vue architectural, il avait été construit une dizaine d'années auparavant par les Sieurs Thévenin et Poncet, sur terrains acquis aux Monnayeurs.

Loué à l'Etat pour le logement des troupes, jusqu'au 3 novembre 1807, un Décret Impérial en autorise l'acquisition à cette date. M. Frochot, Préfet de la Seine, le paie 215.535 frs., suivant l'estimation qu'en a donnée M. Guillaume Trepsat, Architecte de S. M.

En 1813, Fontaine, Architecte de l'Empire, fait un Rapport sur la Caserne, qui est en bon état, et peut abriter convenablement 925 hommes. C'était plus que n'en comportaient les Compagnies de Lubersac, de Refuvelle et de Thomé, qui y étaient casernées en Juillet 1789. Lorsque les canons du Gros-Caillou furent ramenés dans la Caserne, le soir du 12 Juillet,

il est possible que les discours des philosophes et des artistes
aux idées libérales qui se rencontraient à l'auberge de la Rue
Verte aient influencé le Chevalier de Laizer, le Sergent-major
Warné, le Sergent La Barthe, les Grenadiers et les Fusiliers
qui, le lendemain, joueront le rôle capital dans l'envahissement
de la Bastille.

Mais on ne voit pas Franklin dans tout cela ! Et nous voilà
en 1790. C'est l'année où meurt le Philosophe. Il est pleuré
par ses compatriotes et même par nos pères, qui ne lui gar-
daient rancune ni d'articles, où en 1760, il conseillait qu'on
nous prît le Canada, ni des lettres qu'il écrivait à Miss Mary
Stevenson, en 1769, lors de son premier voyage en France, et
dans lesquelles il ridiculisait, fort lourdement d'ailleurs, les
Français et les Françaises.

Il faut reconnaître qu'après un séjour de 8 ans dans le plus
beau royaume de l'Univers après celui des Cieux, Franklin en
avait subi le charme. En partant, il disait ce mot, pour lequel
je lui pardonne les méchants articles de 1760 et les lettres
à Mary Stevenson : « Tout homme a deux patries, la sienne
et puis la France ! »

Revenons à ce qui, décidément, ne dut pas être la maison
de Franklin.

Le 18 avril 1791, Pierre Richard perd sa femme. Son fils
aîné a disparu, ses autres enfants sont établis. Désirant se re-
marier il se décide à un partage de ses biens. Un inventaire [1],
un rachat des rentes « perpétuelles » dues à la Corporation
des Monnayeurs et au Chapitre de Ste-Opportune [2] (droits
d'ailleurs transportés à la Nation !), enfin un acte de partage [3]
règlent ces affaires de famille. Les enfants, compris « l'aîné,
déclaré absent représenté par curateur », sont envoyés en pos-
session de tous les biens de l'ancienne communauté du ménage. Pierre Richard conserve l'immeuble situé Rue Verte,
portant le N° 1225. Il est évalué 72.800 livres.

En fructidor de l'an VII, un jeune ménage accompagné de
deux enfants vint louer le petit hôtel au fond du jardin. « Le

1. Janvier 1792.
2. 19 Nivôse de l'An Deux.
3. 26 Messidor An Trois.

FRANKLIN par CAFFIERI
Collections Ed. TUCK

Nicolas François Gillet
1709 - 1791
Membre de l'Académie Royale
Directeur de l'Académie Impériale de St Pétersbourg

« mari, Président du Conseil des Cinq-Cents, était grand,
« ayant des jambes et des bras comme des pattes de faucheux,
« la taille courte, la vue basse, et un sourire perpétuel sur la
« figure [1]. La femme, elle, grande, bien faite, ayant dans sa
« taille et sa démarche ce moelleux abandon et cette grâce
« native, que donnent l'air et le ciel du Midi [2] ».

Le 10 Brumaire de l'An VIII [3] deux visiteurs venaient, le
soir, chez le jeune Président. Ils étudièrent un plan. L'exé-
cution en fut fixée à la semaine suivante. Quand ils se quit-
tèrent, au seuil de la Maison, les trois interlocuteurs virent-ils
sur le fronton le médaillon de l'Apôtre de la Liberté ? L'un
d'eux, l'Abbé Siéyès, s'il aperçut Franklin, dut sourire ironi-
quement. Lucien Bonaparte, qui reconduisait ses hôtes, après
avoir jeté les yeux sur le Philosophe, dut murmurer : « Le
salut de la Patrie prime la liberté ! »

Quant au dernier visiteur, il avait devant lui des visions
trop grandioses pour apercevoir la silhouette du Bourgeois
de Philadelphie. C'était, au lendemain de Brumaire, Marengo...
puis, plus loin, Austerlitz... puis Iéna... Eylau... Friedland et
enfin Wagram et La Moskowa !

Lucien Bonaparte et Christine Boyer [4] la gentille Proven-
çale qu'il avait épousée à St-Maximin, le 15 Floréal, an Deux,
habitèrent le pavillon de la Rue Verte jusqu'à la nomination
de Lucien au Ministère de l'Intérieur. Ce fut donc dans cette
petite maison que fut préparée l'énergique opération de
Brumaire. A côté des grands politiques, elle vit les lettrés,
que Lucien, philosophe, orateur et poète, aimait à fréquenter :
Fontanes, Arnault, La Harpe, le galant chevalier de Boufflers,
et même Chateaubriand, rentrant d'émigration [5].

Un joli boudoir à coupole, découvert par notre excellent
Collègue, M. Quentin-Bauchart, et signalé par lui à la Com-

---

1. *Mémoires de la Duchesse d'Abrantès.*
2. *Idem.*
3. *Le Prince Lucien Bonaparte,* chez Plon et Nourrit, 1889, p. 16.
4. Son véritable nom était Catherine. Elle mourait à 27 ans, quelques semaines
après avoir quitté la Rue Verte, pour s'installer, avec son mari, au Ministère de
l'Intérieur.
5. Il était au moins des réunions du Ministère, s'il ne vint pas encore dans le
salon de la Rue Verte.

mission du « Vieux Paris », le 12 Mai 1906, est tout ce qui reste de ce passage d'hôtes célèbres dans notre quartier.

Avant de quitter l'ère révolutionnaire, il m'a paru intéressant de citer un fait relevé au cours de mes recherches.

Le 3 Fructidor An III, William Temple Franklin, citoyen des Etats-Unis de l'Amérique Septentrionale, demeurant à Paris, n° 8, rue St-Georges, Section du Mont Blanc, acquérait moyennant 1250 louis d'or, de Prosper Tranquille Havard, citoyen français, divers bâtiments, cours et maisons situés n° 1090, Rue Verte (1).

Cette maison, qui occupait l'emplacement des n°s 4 et 6 de la rue de Penthièvre, avait appartenu à Nicolas de Fer de la Rouarre, ci-devant Receveur des Finances. A défaut du Philosophe Américain, ce fut donc son fils qui fut propriétaire dans notre Rue Verte ! Et c'est peut-être une confusion entre lui et son père qui a donné naissance à une croyance dont nous cherchions vainement les causes.

Dès le 26 Nivôse An IV, Temple Franklin rétrocède sa propriété à la Dame Filleul, veuve en premières noces du citoyen de Flahaut de la Billardère, et actuellement épouse en secondes noces de M. J. N. de Souza. C'était la Grand' Mère du Duc de Morny !

Dix ans après, Pierre Richard meurt et un jugement du 6 Fructidor an XIII ordonne la vente aux enchères, pour licitation entre les héritiers de l'immeuble dont nous poursuivons la monographie.

Il fut acquis par M. J. P. Harou, architecte normand. Cet artiste, ancien élève de l'Ecole Royale d'architecture de Paris et de l'Ecole de Rome, avait été surnommé le « Romain » par ses camarades à cause de son enthousiasme pour l'antiquité. Comme presque tous les artistes, Harou embrassa avec ardeur les idées nouvelles. Tout en continuant d'ailleurs à s'occuper de sa profession, il remplit d'importantes fonctions administratives à Paris et en Normandie. Après la proclamation de l'Empire, il se consacra exclusivement, soit à Paris soit dans le Calvados, dont il avait été nommé Architecte

---

1. Archives de la Seine. — Obligeante communication de M. Lazare.

E. DE LA VALLÉE-POUSSIN (1735-1803)

MEMBRE DE L'ACADÉMIE DE PEINTURE

Départemental, à des œuvres aujourd'hui encore fort estimées.

Dès qu'il eut acheté la maison de Pierre Richard, il la restaura complètement, mais en respectant néanmoins l'hommage rendu à Franklin par le Propriétaire précédent.

Cette restauration que M. Deny a pressentie dans la note qu'il m'a remise sur la maison actuelle, est confirmée par une lettre de la plus distinguée des locataires de M. Harou.

La Marquise de Condorcet lui écrivait, à propos d'une réclamation contre le portier qui laissait la porte ouverte même le soir : « La façade extérieure de votre maison et tout « ce que vous avez mis de soin et de talent à son arrange- « ment fait supposer à tous ceux qui passent, qu'elle est du « nombre des maisons qui ne restent pas ouvertes à tout « venant ».

Madame de Condorcet était une amie de la famille Harou-Romain. Marraine de la fille de l'artiste, elle avait laissé un souvenir ineffaçable à sa filleule. Devenue vieille, celle-ci parlait souvent à son fils, l'éminent Professeur de Droit à la Faculté de Caen, M. Daniel Danjon (1), de cette grande dame qui, la prenant sur ses genoux, la faisait prier pour son frère, le Maréchal de Grouchy.

Madame de Condorcet s'était trouvée complètement ruinée par la Révolution. Cette femme que son dévouement conjugal eût suffi à illustrer, en dehors des talents si remarquables de son esprit, devait donner des leçons pour vivre ; elle le faisait avec une dignité souveraine, et, le soir, sa tâche accomplie, présidait un salon où se réunissaient de nouveau nombre de gens de bien et de talent.

Les habitants de la maison eussent, à eux seuls, constitué une académie.

Tout d'abord le propriétaire Harou-Romain, au talent duquel on doit la Préfecture du Calvados, la Maison Centrale de Beaulieu et plusieurs hôtels à Caen. Parmi ceux-ci il en est, me disait M. Danjon, où l'on retrouve les lignes de la façade de la Maison de Franklin.

---

1. C'est à son amabilité que je dois la plupart des renseignements qui suivent. On n'a pas oublié le superbe cadeau que M. Daniel Danjon a fait dernièrement

D'autres locataires descendaient aussi dans le salon de la Marquise situé au rez-de-chaussée et donnant par une porte-fenêtre sur le petit jardin de l'hôtel.

C'était Claude Fauriel, le littérateur qui racontait ses souvenirs du temps où il remplissait, auprès de Fouché, le poste délicat de Secrétaire. Fauriel habitait Meulan l'été et y recevait en villégiature sa voisine et amie de Paris.

C'était encore le Général O'Connor, qui, après avoir épousé la fille unique de Condorcet, se faisait l'éditeur des œuvres de son beau-père, aidé dans ce travail par Arago.

Son voisin de palier était un autre général, le Comte de Latour-Maubourg, militaire qui n'eut jamais qu'une opinion politique : servir son pays, quel que fût le nom des chefs du Gouvernement.

Sur la liste des locataires de M. Harou Romain, je lis encore ce nom « M. Friant ». Est-ce l'officier d'Austerlitz, d'Iéna, d'Ekmuhl, de Waterloo, brutalement mis à la retraite pour crime d'amour de la patrie, par ceux qui rentraient de l'étranger, en 1815 ? Si c'est lui, on peut deviner ce que devaient être les récits du Général dans le salon de Mme de Condorcet, lorsqu'il rappelait, que vingt ans auparavant, il logeait, beau brigadier des Gardes Françaises, dans la Caserne voisine.

Toujours sur la liste des locataires, figure Simonnet de Maisonneuve, auteur dramatique. Ce gentilhomme, ancien officier, se fit marchand mercier, profession qui ne dérogeait pas, afin de gagner les sommes nécessaires à l'Edition de sa « Nouvelle Bibliothèque des Campagnes », œuvre de vulgarisation fort intéressante pour l'époque, 1777, où elle fut entreprise.

Enfin, Mme de Cormont, proche parente de Duplessis-Bertaux, le graveur [1].

Dans les funestes mois de juillet et d'août 1815, M. Harou-

au Musée du Louvre, en lui offrant le portrait de d'Alembert, par la Tour, offert par Madame de Condorcet à la famille de M. Danjon.

1. Il est à remarquer que les loyers ont augmenté dans notre quartier depuis cent ans ! Mme de Condorcet payait 1.000 fr. par an le petit hôtel avec jardin dans la cour ; cette charge étant trop lourde pour elle, son propriétaire imagina une combinaison moyennant laquelle la pauvre Marquise fut logée pour 425 fr. par année. — O'Connor payait 300 fr. l'appartement du second.

MADAME DE CONDORCET

(Miniature appartenant à Madame Paul de Lavalley, née Danjon).

Romain avait dû cantonner des cosaques dans la maison Franklin.

Il avait chargé sa vieille cuisinière, fidèle, honnête, intelligente mais madrée, de traiter avec l'ennemi. M. Danjon a les comptes de cette brave servante, ils sont des plus curieux. On y devine les réclamations brutales des sauvages russes et les finesses de la servante normande sauvegardant le bien de son maître.

En novembre, ce sont des officiers anglais, leurs chevaux et leurs domestiques, qu'on doit loger Rue Verte. « Après le départ de tous ces étrangers, on désinfecte à la chaux »[1], est-il écrit sur le livre des comptes.

M. Danjon ne possède pas que des comptes de cuisinière. Il a encore des lettres inédites de la marraine de sa mère, il en a de Fauriel, de Talma, qui venait souvent Rue Verte consulter le goût éclairé d'Harou Romain, relativement à la réforme des costumes et des décors de théâtre.

Je suis sûr d'être l'interprète de la Société Historique du VIIIe en souhaitant que l'éminent professeur de la Faculté de Caen, qui vient déjà de faire un si beau cadeau au Louvre, donne un jour aux amateurs d'Histoire, une Etude sur la Société Française durant la Restauration. Elle sera basée sur des archives familiales, constituées dans notre Arrondissement.

M. Harou Romain étant mort, et sa famille retournée en Normandie, la maison fut vendue le 4 Février sur mise à prix de 120.000 fr. L'amabilité de M. Danjon me permet de déposer l'affiche et le plan relatifs à cette vente, dans les archives de notre Société.

En terminant cette trop longue monographie de la Maison de Franklin, je me permets de citer une phrase de M. Matignon, l'héritier de la chaire de Berthelot. Dans une leçon ces jours derniers, le savant Professeur du Collège de France nous disait : « Mille expériences négatives ne prouvent rien, Messieurs. Seul un essai positif est probant ! »

---

1. Bonne phrase ! Elle sonne clair.

Ce sera ma conclusion. J'ai réuni plusieurs présomptions pour que Franklin n'ait jamais résidé 26 rue de Penthièvre. Un Collègue plus érudit et plus heureux nous apportera peut-être une preuve, unique, que le philosophe américain a vécu dans notre quartier.

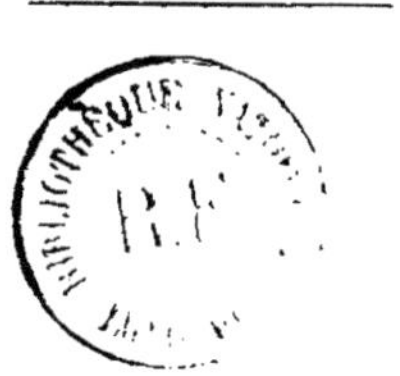

PLAN d'une MAISON à VENDRE en la Chambre des NOTAIRES, le Mardi 4 Février, 1851, à Midi.

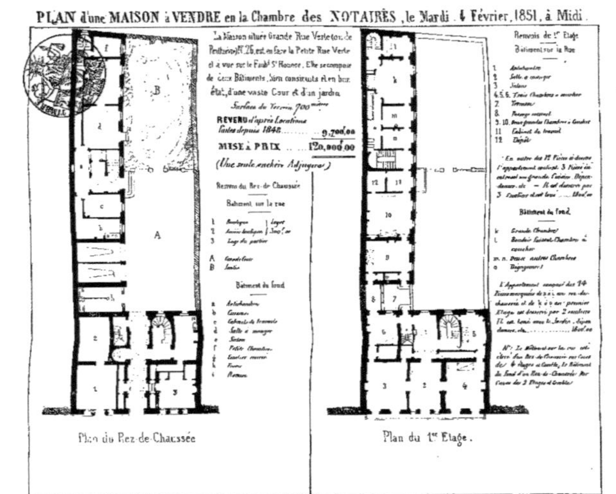

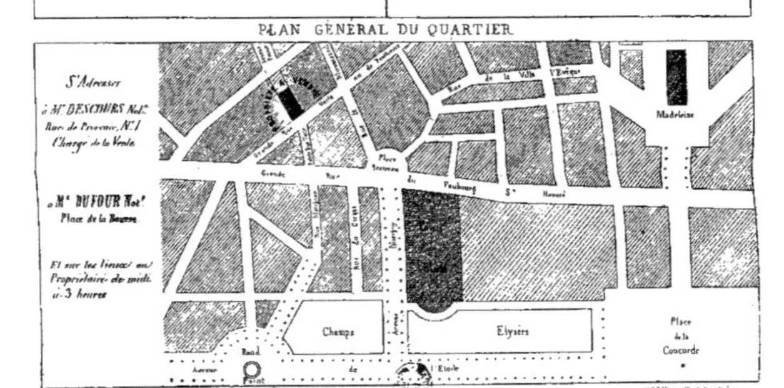

AFFICHE RELATIVE A LA VENTE DE LA MAISON DE FRANKLIN, EN 1851

Étude de M⁰ DESCOURS, Notaire à Paris, rue de Provence, n° 1.

ADJUDICATION

En la Chambre des Notaires de Paris, sis place du Châtelet, 1.

Par le ministère de M⁰ DESCOURS, Notaire en ladite ville.

LE MARDI 4 FÉVRIER 1851, A MIDI,

D'UNE

GRANDE MAISON
AVEC JARDIN,

SISE A PARIS,

Rue de Penthièvre, N° 26,

En face la Petite-Rue-Verte, près la place Beauveau.

Cette MAISON, qui a son entrée sur la rue de Penthièvre par une porte cochère, consiste en deux vastes corps de bâtiments desservis par des escaliers particuliers.

Le premier est élevé sur caves d'un rez-de-chaussée et de quatre étages carrés, ayant chacun cinq croisées sur la rue de Penthièvre, avec un cinquième étage en mansardes et chambres de domestiques.

Le deuxième est élevé sur caves d'un rez-de-chaussée, distribué partie en remises et écuries, partie en appartements ; d'un entresol et de trois étages ayant chacun onze croisées de face donnant sur une vaste cour et les jardins, avec un quatrième en mansardes et chambres de domestiques.

Cette Propriété, solidement construite et en parfait état, est entièrement louée et produit, d'après locations postérieures à l'année 1848, un revenu de 9.700 fr.

Mise à prix : 120.000 fr.

L' Adjudication sera prononcée même sur une seule Enchère.

S'ADRESSER POUR LES RENSEIGNEMENTS :

A M⁰ Descours, Notaire à Paris, rue de Provence, 1, dépositaire du Cahier des Charges et des Titres de Propriété ;
Et sur les lieux au Propriétaire de ladite Maison.

BIBLIOTHEQUE NATIONALE DE FRANCE

9 782014 445787